モガミの
町火消し達

松田高明 + 工学院大学後藤治研究室 編著

ごあいさつ

　本書は、山形県新庄市に在住する民俗写真家松田高明が約3年をかけて撮影した、山形県最上地方の消防団と道具類の格納施設（消防小屋）をまとめた写真集です。

　昨今、地方の人口減少が問題となっています。松田が住む山形県新庄市最上エリアも例外ではありません。そのような地方の各地域では、いまも地域住民がメンバーとなる消防団が、日々、地域を火災や水害といった災害から守っています。そして、消防団が使用する消防小屋は、規模は小さいものの、彼らの活動を支える大事な建物です。なかでも、山形県最上地方の消防小屋は、昭和初期に建てられたものも多く現存しており、細部に洋風の装飾を取り入れたデザインはユニークで、近代建築の歴史からみても価値があります。また、消防小屋は時代とともに各地につくられたため、それらをたどると、消防活動の変遷や地域を災害から守ろうとした代々の人々の思いを感じることができます。

　しかし、それらの多くが建物の老朽化などの問題により取り壊しの危機にあります。

　本書には、このような特殊な発展を遂げてきた山形県最上地方の消防小屋、および現地で活動する消防団の方々をおさめています。全撮影は88点におよびます。

　各地域に当たり前のように存在し、地区を守り続けてきた消防団と消防小屋。最上地方の消防団、そして消防小屋からは、地域に重ねられる豊かな文化や歴史を見ることができます。本書によって、多くの人々、とりわけ次世代の若者に、消防活動と地域を自ら守る意識、地域文化の伝承への関心、そして故郷を愛する精神が伝わることを主催者一同願っております。

　各地の消防団の皆様、撮影にご協力いただきました皆様、また本書の出版にあわせお言葉をよせていただきました新庄市長 山尾順紀様、新庄市消防団長 浅井一男様に感謝申し上げます。

松田高明＋工学院大学後藤治研究室

モガミの地方消防小屋5つのポイント

消防小屋とは？

全国各地に存在する、消防団が使用する消防ポンプなどの道具をしまう倉庫。本冊子では、これを「消防小屋」と呼ぶ。基本的に消防に使う道具をしまえればよく（消防団員の詰所を兼ねる場合もある）、簡素なものがほとんどであるのに対して、最上地方には洋風の意匠を凝らしたものが数多く残る。

なんとなく洋風？

最上地方の消防小屋の最大の特徴は、正面の外観のみを洋風に装飾していること。こうした意匠は、地元の大工が建てたためと考えられ、その様子は"なんとなく洋風"という風情で、"妙"な魅力がある。大工が建てた洋風には、明治初期から中期につくられた擬洋風建築や大正期頃からつくられるようになった看板建築がある。

新庄市消防小屋
【鳥越地区第10分団第1部第2班】

モガミ地方は派手好き？

他の地方では簡素な消防小屋が、なぜこの地方だけ洋風の意匠を取り入れているのか？　理由は不明だが、こうした派手なものを好むというのは、"新庄まつり"の山車に通ずるものがあり、土地の気質が関係しているようにも見える。

「平成28年新庄まつり」のチラシ

バージョンアップも？

一部の消防小屋は、中にしまうものの変化（道具→車など）にあわせて増改築も行われている。こうした改造は、消防の近代化を示すと同時に、建物を時代の要請に応じて使い続けてきた証である。

昭和30年代に使用していた消防ポンプ

現在は消防トラックを使うことが多い

いつごろの建物？

最上地方の消防小屋は、建設年代はほとんどが不明。ただ、洋風の外観を持つものの多くは、地域で消防団が組織された昭和10年代のものと推定される。

ポイント建築用語

ペディメント
西洋建築における、
切妻屋根の妻側上部にある三角形の部分。

破風
日本の建築で、切妻屋根の端につけた山形の板。
西洋建築のペディメントと同じ。

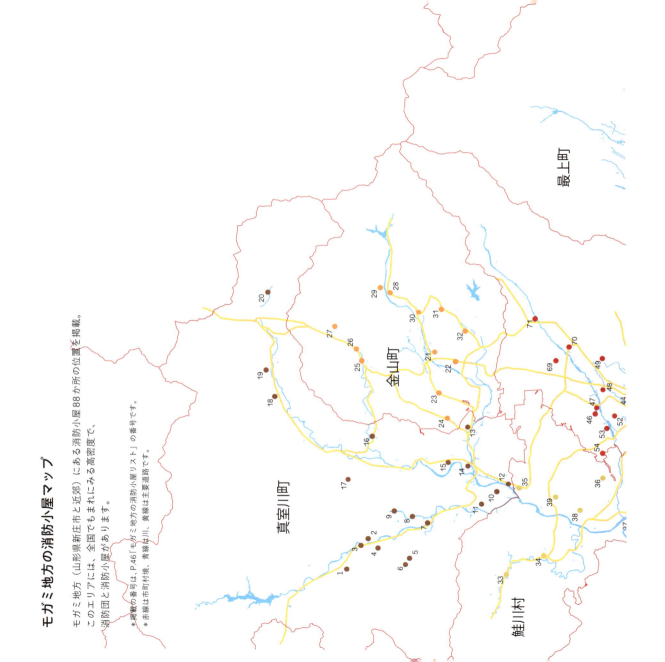

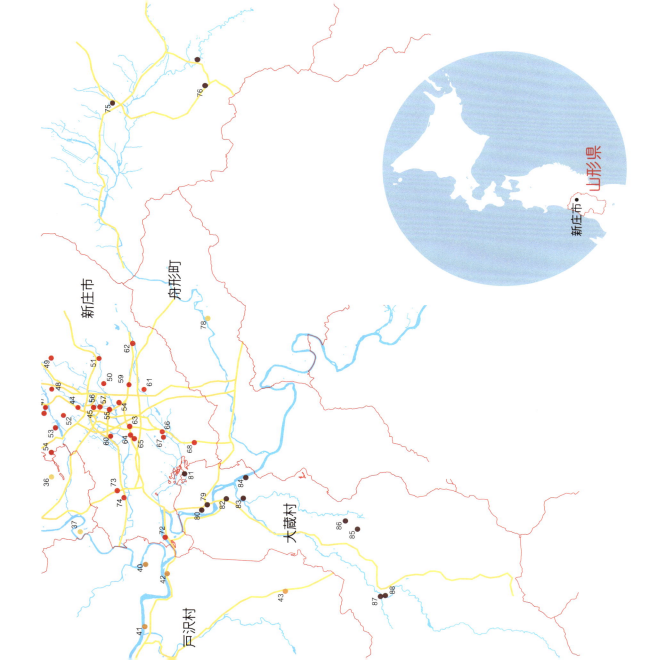

新庄市　　　　　　　　　　　　小泉

扉が素晴らしい。閉じれば陽が昇る途中、開けば山から陽が昇る様子に見える積層アーチ。

鳥越　　　新庄市

ペディメントを半円アーチ＋左右の山形に欠いた奥から「鳥」（鳥越地区の鳥）の朝陽が昇る。

新庄市　　　　　　　　　　滝の倉

破風と内側の櫛形アーチとの間を埋める細かい板張りがニクい。色もなんとも洋風。

上山屋　　　　　　　　　　新庄市

「洋風らしさ」を保つ、細かな装飾が見落とせない。

新庄市

新田・飛田

横長の欄間は背の低い消防小屋には珍しい。まといにこの地区の飛マークがついている。

芦沢　新庄市

ブロークンペディメントに描かれた朝陽に注目。モガミ地方を代表する消防小屋。

三滝

真室川町

モガミの町火消し達の写真第1号は、2014年12月の大寒波に撮影。

真室川町　　　　　　　　　木ノ下

櫛形アーチをもつブロークンペディメント。なのに、壁面は白漆喰の真壁風で珍しい。

内町　　真宮川町

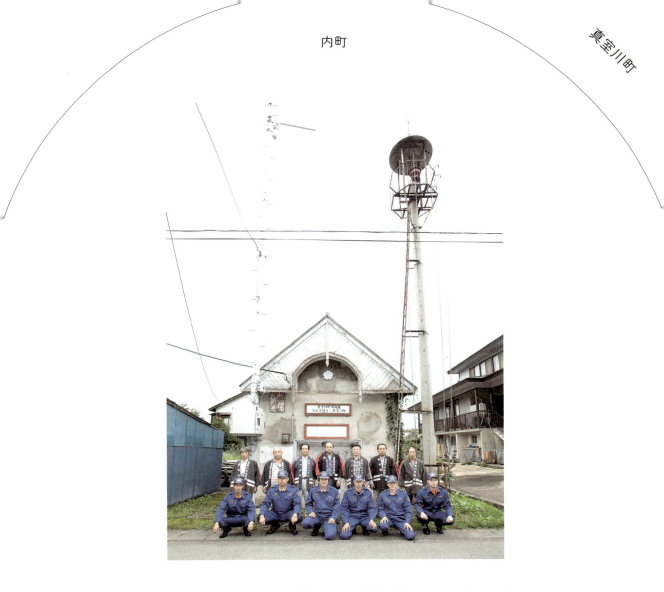

アーチをよく見てほしい。これは多角形である。板張りがしやすいためにこうしたのか。

真室川町　　　　　　　　　　　小川内

下見板張りによるシンプルな洋風建築。中央のガラス窓が、内部の暗さを和らげる。

春木

真野川町

破風をそのまま利用してアーチ風に。高すぎる基礎が、納めるものの変化を表している。

真室川町

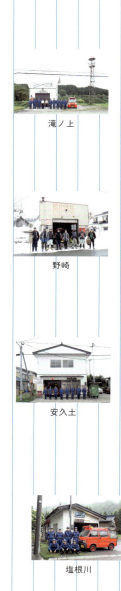

西川　中村　滝ノ上　山屋
小国　小国　野崎　内の沢
蓮花城　平岡　安久土　川ノ内下
大滝　鏡沢　塩根川

朴山 金山町

青空と陽射しを思わせる爽やかな色と放射状の板張りが印象的。扉まで残る例は貴重。

金山町　　　　　　　　　　　外沢

実は耐候や耐腐食を考えると理にかなっている、真っ黒な壁面。モガミ地方では珍しい。

安沢　　　　金山町

正面の飾りは社寺建築の縣魚のよう。すると、小屋が寺院の本堂のようにも見える。

金山町

内町

山崎

板橋

下中田

上中田

地境

柳原

稲沢

田茂沢

沼の台　　　　　　　　　　　　　　　大蔵村

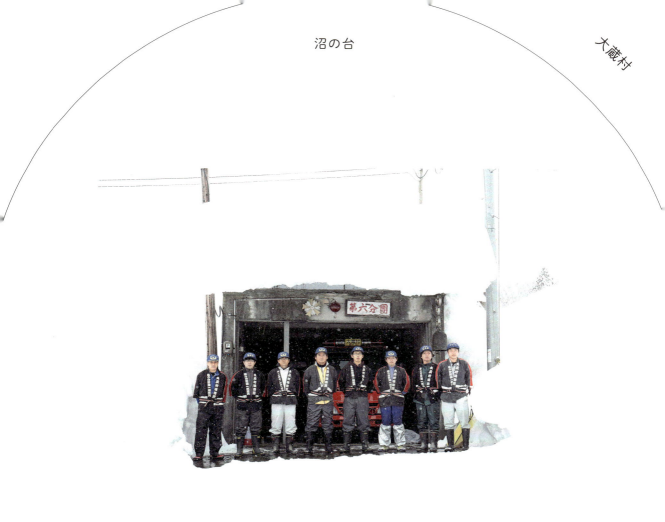

本来は木造で十分な小屋なのに、大蔵村の冬の積雪は頑丈さを求める。

大蔵村　　　　　　　　　　肘折

手前が消防小屋。肘折地区の豪雪にも耐えるよう、構造はコンクリートにしている。

合海　　　　　　　　　　　　　　　　　　　　　　　大蔵村

モガミブルーとでも言いたくなる、洋風の水色はあちこちに見られる。

大蔵村

清水

大坪

白須賀

通り

鳥川

豊牧

肘折

本村　　　　　　　　　　　　鮭川村

左に写るポンプは、昭和34年に手前の方々が現役の頃に使っていたもの。道具も受け継がれている。

鮭川村　米

二階に詰所を置いたため細長い外観が特徴。端部を折って薄く見せた屋根など細部が光る。

古口

戸沢村

モルタルの壁に細い格子の飾りが可愛らしい。下弦の横材は端部を段状に処理。

最上町　赤倉

昭和30年代にかけて乳牛が普及したことの影響？　珍しい腰折れ屋根は農場小屋の趣き。

長沢　舟形町

四角く抜かれたブロークンペディメントとツララのようなペンダントに、洋風のセンスを感じる。

鮭川村　京塚

鮭川村　佐渡

鮭川村　下絵馬河

鮭川村　上中石名坂

鮭川村　上下芦沢

戸沢村　蔵岡

戸沢村　平根

戸沢村　津谷

最上町　向町

最上町　赤倉

モガミの町火消し達
付録

p.34 「地域の文化遺産としての消防小屋」後藤治

p.35 メッセージ『モガミの町火消し達』出版によせて
　　　新庄市長 山尾順紀／新庄市消防団長 浅井一男

p.36 エッセイ「第二次擬洋風建築？ モガミ地方の消防小屋」二村悟

p.42 モガミ地方の消防小屋 実測図面

p.44 レポート「旧大蔵村消防小屋の解体について」工学院大学後藤治研究室

p.46 モガミ地方の消防小屋リスト

p.47 編著者プロフィール／『モガミの町火消し達』展 開催日程

地域の文化遺産としての消防小屋

後藤治

　山形県最上地方には、洋風建築のデザインを取り入れた魅力的な消防小屋が多数残されている。このことを私に教えてくれたのは、本書の写真を撮影している写真家の松田高明氏である。これら消防小屋は、建物のデザインに魅力があるだけでなく、地域の防災の歴史を知る上で貴重な歴史・文化遺産といえる。

　折しも、工学院大学後藤研究室では、新庄市から委託を受け、同市にある旧蚕糸試験場新庄支場を国の登録有形文化財に登録するための調査をしていた。その後、試験場の建物群は登録有形文化財となり、後藤研究室では、その保存活用をしていくための計画策定にもかかわることになった。そこで、将来写真展を開催することを目標に、松田氏が88箇所の写真の撮影を行うこととなり、後藤研究室では、試験場の建物の計画策定の合間をみて、そのうちの主要なものの調査と図化による記録作成を行うこととした。その成果が本書である。

　消防小屋の建物、並びに、それを支える消防団の活動は危機的な状況にある。老朽化による建物の破損・劣化、消防組織の変更による機能消失や消防団の統廃合、高齢化による消防団の団員不足といったことが、その背景にある。実際に、この本を出すまでに取り壊された消防小屋もある。本書が、そうした危機的状況を知ってもらうと同時に、この貴重な地域の歴史・文化遺産が少しでも継承される契機になれば幸いである。

登録文化財・旧蚕糸試験場新庄支場（山形県・新庄市）　外観

メッセージ

『モガミの町火消し達』出版によせて

　書籍の発行、まことにおめでとうございます。消防小屋の前で写した写真は、団員のまじめさが実に愛嬌があり、建物と地域の人の歴史をつなぐ大変貴重な記録となります。当初、消防小屋の写真を撮影していた松田さんに、旧蚕糸試験場新庄支場（エコロジーガーデン）の登録文化財の指導をお願いしていた工学院大学後藤治先生から「人物と一緒に撮影したほうが良い」とのご意見をいただき現在に至っているとお聞きしました。何気なく見ていた消防小屋も、松田さんの写真によって、その時代背景や消防活動の変遷、地域を災害から守ろうとした代々の人々の思いを感じとることができます。本書や写真展が大きな存在感を増したのは、松田さんの写真家としての力量によるものが誠に大であります。撮影に3年かけ、郡内まで足を延ばし日程の調整や季節の選定などご苦労もあったことと思いますが、その努力が皆さんの共感を呼ぶのでしょう。

　本書が消防団員の方々にとっての宝物になるとともに、観光資源豊かな最上地方を知るきっかけになっていただければ嬉しいです。

新庄市長　山尾順紀

　写真集の出版、おめでとうございます。東京都内での写真展が盛況なことなどをお聞きしますと、地方の一消防団長の私にとりましても、微笑ましく、嬉しく、誇りに思うところです。

　この本にある写真を見て、歴史や時代を感じさせる建物の前に立つ素朴な顔と気取らない姿から伝わる一人ひとりの思いや気概というものを改めて感じました。

　最近の報道を見ていますと、地震や水害といった災害が発生し、各地に深刻な被害を与えています。消防団としては、火災の対応はもちろんですが、災害時の活動などもまさに社会から求められていると肌で感じます。

　この職責を心に刻み、各団員の自分の生まれた町内のために、そして自分の育った地域のためにという思いを新庄市消防団としても大切にしつつ、地域社会に貢献できる団となるべく精進してまいりたいと思います。

新庄市消防団長　浅井一男

エッセイ
第二次擬洋風建築?
モガミ地方の消防小屋

二村 悟

消防小屋とは?

　誰もが一度は近所で目にしたことがあるだろう、消防団の道具をしまっておく小屋。本稿では、これら消防ポンプなどの消防器具類の格納施設を"消防小屋"と呼ぶが、全国各地、そのほとんどがそっけない倉庫のような風貌をしている小屋であるのに対し、モガミ地方の消防小屋は正面に"妙なデザイン"が採用されている。そのデザインは、半円アーチやペンダント飾りなど、昭和初期に流行していた看板建築や郵便局や診療所などには見られたもので、根本は身近なところにある洋風デザインを真似ることにある。

消防小屋の背景──消防組織の変遷と消防小屋の普及

　消防事務は、明治7年に警視庁、明治13年に内務省警視局に消防本部が設けられ、各地に腕用ポンプを備えた私設消防の設置が進み、明治27年消防組規則の公布で自治的な私設消防が府県知事の所管となって全国統一がされたことに始まる。その後、昭和12年の支那事変を受けて昭和14年1月の警防団例で消防組は警備団と合併して警防団となる。消防が独立した組織となるのは昭和23年の地方警察法、消防組織法の施行に伴うものであった。これにより、消防事務は警察から独立した。そして国家消防庁が設置され、同年の消防団令によって消防本部や市町村消防団が組織される。常備消防は、災害や非常時だけ集まるというものではなく、現在の消防署の原型となるもので、消防事務に専従する組織が常備化されたものである。

　新庄の様子を見ると、昭和14年には新庄町警防団が発足し、同年3月には山形県警防団令施行細則が発布、機械器具(ポンプなど)及び材料置場を設けることが触れられている。モガミ地方に現存する歴史的建造物の消防小屋の多くはこの前後に建てられたものと考えられる。また、消防小屋に格納するポンプの普及をみると、大正元年にはポンプの種類は人力で汲み上げる腕用ポンプのみで、大正5年から昭和2年の間に腕用ポンプの台数は2倍以上に急増する。続く昭和2年から昭和12年までの間にポンプは多様化、ガソリンポンプは5倍以上に増加し、一方で腕用ポンプは減少している。腕用ポンプの増加は、置き場としての庄屋や寺院の庫裏などの範囲を脱し、各地に単独の消防小屋が建設されたことを物語っており、その背景には都市域や居住地の拡大がなされていたことが見え隠れする。

　新庄市の人口は、大正9年以降、戦中を除き昭和35年まで増加し続けている。背景には、大正4年11月の陸羽東線新庄-瀬見間の開通、大正5、6年の陸羽東線の延伸・全通がある。最上郡萩野村(現・新庄市北部地域)では、大規模な開墾事業が昭和2年から五力年計画で行われているし、大正期の舟形村耕地整理組合や鮭川村香西新田耕地整理組合などでも大規模な開墾が行われて、新庄市の周辺地域でも居住域の拡大が進んでいたことがわかる。

　新庄市は昭和17年3月4日に都市計画法の指定を受けているが、戦前に地方都市が都市計画法を適用されるのは早期の例と考えていい。昭和24年には、人口増加に伴って市制を敷いており、早い時期に都市化が進んだことがわかる。こうした交通網の整備や開拓による人口増加、それに伴う都市域の拡大や居住地の増加が消防ポンプを設置する地域を増加させたことは間違いないだろう。

なんとなく洋風──第二次擬洋風建築としての消防小屋

　モガミ地方にある消防小屋のデザインの最大の特徴は、正面の外壁をなんとなくの洋風に装飾することにある。基本的に格納施設なので簡素で雨風を凌げればよく、洋風建築とする必然性はない。洋風建築の要素を持つものに国登録有形文化財の旧鶴岡町消防組第八部消防ポンプ庫（山形県鶴岡市）があるが、これがレンガ造の純粋な洋風建築であることに対して、モガミ地方のものは"なんとなく洋風"というかなり個性的なデザインであり、人を惹きつける"妙"な魅力がある。地域で話を聞いている限りでは、地元の大工が見よう見まねで建てたと考えられる。なんとなく洋風に見せたデザインで、建てたのは大工というと「擬洋風建築」が思い出される。また、その要素が正面に集中するのは「看板建築」のようでもある。

　擬洋風建築は、明治初～中期にかけて、民衆の側から見よう見まねで日本のデザインや技術を用いて洋風に見せたものであった。技術的な背景は、100％日本由来とはいえないが、大工が妙なデザインや妙なモチーフでなんとなく洋風に見せようとしたことは「擬」の意味である「まねる、似せる」ことであり、解釈としては擬洋風的としていいだろう。建築史家・藤森照信による擬洋風建築の骨子は、『擬洋風建築大工棟梁の想像力の来歴』（建築雑誌、昭和50年8月）によると、「①それは真似そこないの結果ではなく、すぐれた想像力の所産である。②表現には擬似性と"綺想性"が観察され、後者がすぐれた所である。③大工棟梁のかような想像力の開花は江戸期より準備された。」としている。奇想性は、「形式に捉われない例外さ」という意味になるが、ここでは「奇」ではなく、綺麗の「綺」を当てているところがミソである。つまり、表現には擬似性と形式に捉われない例外的な「綺麗」さが観察されることを示唆しているのではないか。藤森は前年の『明治の洋風建築』

（至文堂、昭和49年）では「綺想性」ではなく、何かをほのめかしているという比喩的な意味での「寓意的」という言葉を用いており、唯一性のある例外的な綺麗さがあることを強調しようとしているように思える。

　村松貞次郎は、『日本近代建築の歴史』（日本放送出版協会、昭和52年）の中で堀勇良と藤森照信が名付けた看板建築を指して、「民の系譜の顕在を示したもの、強いていえば第二次擬洋風建築ともいえる歴史的な意味をもつものだと考えるのである。」と指摘している。看板建築は、大正12年の関東大震災の復興期の昭和初期に建てられたものである。そのベースとなる建物は大工が手掛けた木造の和風建築で、看板も大工や板金屋などの職人の手によるものである。その後、看板建築は昭和10年代にかけて全国各地に伝播していく。看板建築の正面性の強調には、都市部の火災延焼を防ぐために木造の外壁を薄い不燃材でカバーする、市街地建築物法上の準防火の仕様が背景にあったが、モガミ地方のそれは必ずしもそうではない。

　消防ポンプ等を格納するだけの機能的な施設の正面を虚飾的に飾る様子は、モータリゼーション発達以降の商業主義的建築のようでもあるが、それとは明らかに成立の背景や意匠の役割が違うし、そもそもビルディングタイプが異なる。モガミ地方の消防小屋は、大工が苦心して妙なデザインを細工し、なんとなく洋風建築のように見せる手法を用いており、擬洋風建築の第二波の分枝と見ていいだろう。

旭日？旭日旗？　そのデザインの背景

　さて、消防小屋のデザインに目を転じれば、まず洋風建築をアーチとペディメントの2つの要素で理解していることがわかる。特にペディメントはブロークンペディメントが、アーチは半円アーチが意識されている。これらは、正

確には本来の意味とは使い方が異なる。本来、アーチは組積造の力学的な理にかなった形であり、ペディメントは切妻屋根の破風の処理のひとつで、その部分が柱で支えられることで構造上成立していた。しかし中世以降、これらを構造上の意味から分離してデザイン要素とする復興様式が生まれ、ペディメントは正面性を強調するために、アーチは組積造から離れて本来直線で問題ない箇所でもデザイン的な意図で、それぞれ用いられているようになる。消防小屋はこの系譜にあり、洋風デザインの解釈はある意味では正しいともいえる。とりわけ、ペディメントの内側、つまり妻壁の破風内に旭日旗をあしらったものや放射状にデザインされたものが目立つ。特に、新庄市消防団第12分団第2部第2班の芦沢地区のもの（p.11）は際立っている。

　この模様を見たままに捉えると、戦時中、国が警防精神を目指した時代を示唆しているように見える。昭和23年までは消防は警察の所管で、警察の記章は日章や旭日章と呼ばれる旭日と陽射しをモチーフとしたものであったし、日本の国家機関は、多くが軍の旭日旗に代表されるように旭日をモチーフとしていた。消防小屋が国家機関の一施設であるからこの柄を採用したのであれば、全国的にそういうデザインの傾向が見られたはずだが、それは一般的ではない。また、そもそも戦後もその絵を維持し続けるとも思えない。すると、これは単純に旭日と陽射しを描いたのではないか。旭日旗などは太陽を中心に陽射しが周回しなければならないが、ほとんどがペディメントの下端を地平線に見立て、そこから昇る旭日を描いている。モガミ地方を中心に見られることを考えると、背景にあるのは国家的な問題というよりは地域性だろう。とはいえ、天照大神や秋葉信仰（火伏せの神）などの信仰の対象とは考え難い。

　実は、モガミ地方は秋冬にかけて日照時間が少ないことで知られている。昭和10年には最上盆地は冬季積雪が多く、東北地方で最も多雪な地域のひとつで、気候は裏日本型で降水量が多く、日照時間が少ないと記される。しかも、秋田県地方気象台のホームページによると、全国157箇所の気象官署の日照時間の平年値で新庄市は全国一少ないと紹介されているのだ。東北地方は、冬場は雪囲いで室内は暗く、曇天が多いので、この地の人々は短い夏に派手な山車の新庄まつりに興じるのではないだろうか。どうも、モガミ地方の人々の気質と消防小屋の意匠には通底する部分があるように思う。照明も普及していない時代には、自然の恵みを享受して生活していたはずで、やはり陽射しを意識した"旭日"を模したものと考えるのが自然だろう。

コラム1
芦沢地区（大工・海老名正雄）の放射状モチーフは旭日（朝日）？

　秋田県地方気象台によると全国157箇所の気象官署の日照時間の平年値で、新庄市は全国一日照時間が短い地域とされているが、特に冬場は晴れの日が少ない。昭和の初め、日照時間が短く、雪囲いで薄暗い民家に住み、照明も普及していない時代にあって、そこに住む人々にとっては太陽が昇り、朝日が

差す様子は神々しい様子であっただろう。筆者と松田氏は、朝日をモチーフにしているのであれば、朝日が背面に望めるのではないかという軽い思い付きで、2017年3月24日早朝6:45に当地を訪れたところ、見事に背面から旭日が昇ってきた。当日は降雪で、6:40−6:50の約10分間だけ朝日を拝むことができ、すぐに雪雲に覆われてしまった。日照時間の少ない地に、消防小屋の背面の山間から昇る旭日を消防小屋に投影することで、海老名は地域の火消し達を元気付けようとしていたのだろう。

擬洋風建築王国・山形と大工の存在

忘れてはいけないのが、山形県はもともと擬洋風建築王国としての土壌が根付いていた地域だということである。明治7~14年にかけて、旧鶴岡県令と旧山形県令を歴任した三島通庸は、欧化主義を唱えて公共建築に洋風化を求めるが、これこそ大工が見よう見まねで手掛けた擬洋風建築であった。『山形県写真帖』（明治14年頃,山形県立図書館蔵）を見ると、この時代が擬洋風建築で彩られた華やかな時代であったことがわかる。また、同時代の酒田や最上郡の古写真でも、ファサードにアーチを用いた看板建築が確認できる。こういった身近なものは、消防小屋と同じ大工が手掛けていた可能性もあるだろう。

第二次擬洋風建築ともいえる消防小屋が建てられたと推定される昭和前期には、県内の建築設計事務所で確認できたものは山形市の伊藤高藏（明治21年生）、長谷川四郎（名古屋高等工業学校出身）、山本（竹司）建築事務所くらいで、新庄市や最上郡にはほとんどなかったと考えられる。最上郡の請負業は、新庄町（現・新庄市）では米山組（米山保・明治2年生）など幾つかが確認できる。また、山形県外への出稼ぎ労働者のうち大工を統計に見ると、昭和7年には334人（男）が、昭和9年には988人（男）が出稼ぎに出ている。

つまり、県内には建築設計で生計を立てる者がほとんど存在せず、一方で新庄市には一定数の請負業者が存在していた。聞き取りによると、昭和20〜30年代には多数の大工を抱えた工務店（請負業）が多く、設計士は他地域で学び、請負業に入社して仕事をしたという。最上郡下に大工はいたが、請負業は新庄市が多く、周辺に工事に出ていた。この状況を見るに、消防小屋は自営業の大工か請負業の可能性が高い。旧農林省積雪地方農村経済調査所庁舎（現・雪の里情報館）の棟札にある請負人は米山保で、これは前記の請負業・米山組（組長・米山保,旧新庄町金澤1041-6）であり、代人の小林貞五郎は自営の大工である。また、新庄市消防団第12分団第2部第2班の芦沢地区の消防小屋（P.11）は、大工の海老名正雄（現・海老名工務店）が手掛けたことが明らかとなっている。

コラム2
半円アーチや中央を強調するデザインは、結果意味のあるいいデザイン

最上地方の消防小屋には、屋根の妻側を凹凸のある
デザインとするものが多い。中でもゴシック教会の構
造体が露出したような、あるいはブロークンペディメ
ントのような、半円アーチや中央を強調した意匠がよ
く見られる。これらは大正から昭和初期にかけて、木
造の教会や洋館、郵便局などの公共施設にはしばしば
見られた意匠である。こうした最上地方の消防小屋の
モチーフが、昭和10年に新庄市に置かれた常備消防
所にあることはほぼ間違いない。この頃には出入口上
部に消防の標識灯（赤色灯）が見られるようになり、
最上地方でも順次導入されていったものと考えられ
る。半円アーチや中央を強調した凹凸のある意匠は、
赤色灯を付けると光を受け止めるために輪郭が際立
ち、夜間でもはっきりと消防小屋であることが認識で
きる。結果的には役割を持ったデザインとなり、地域
の人にも親しまれている。

第二次擬洋風建築としての確立

　日本では伝統的に大工の出稼ぎによる技術交流の旅が
あった。明治10年代には県下各所に擬洋風建築が建てら
れ、明治30年代以降は本格的な洋風建築も普及し、大工
はその現場に携わるか、見聞していたはずである。例えば、
前述の大工・小林貞五郎は、旧農林省蚕糸試験場新庄支場
や旧農林省積雪地方農村経済調査所庁舎の施工に従事して
いたことが明らかになっている。こうした現場で大工棟梁
たちが官の洋風建築の建設に携わり、そのデザインを吸収
し、しかも官に携わったことが信頼にも繋がり、地方自治
体から小規模な公共建築（公民館、役場など）の設計施工
が特命で依頼されるようになることは十分に考えられる。
聞き取りでは、内務省の恩賜郷倉の設計施工を新庄市内の
大工が行ったという話しもあった。

　明治20年代に第一次擬洋風建築が終焉を迎えたのは、
新たな建築材料や構造形式が登場したことで設計と施工を
分離する傾向が進み、同時に建築家をはじめとする各技術
者層が確立して、伝統的な大工や職人のあり方も変化して
細分化し始めたことが背景にある。明治末から大正期にか
けては、建築の生産体制が整備され、大工や職人も工手学
校等で建築教育を受けるようになる。そして、大正から昭
和に至る過程で鉄骨造や鉄筋コンクリート造の導入が進む
と、施工技術の発展に伴いビルディングタイプは増加、モー
タリゼーションの発達で道路網が整備され、都市域や住宅
地が拡大するようになる。この状況を受け、各地では公民
館や公会堂、郵便局、病院、警察、消防等といった公共施
設の建設の機会が増加し、大工の活躍の場は再び公共建築
へと戻るのである。この流れはもともとの擬洋風建築の登
場とも共通している。村松貞次郎のいう第二次擬洋風建築
は、大工が手掛けた商業系の看板建築のデザインを指した
ものであったが、消防小屋には公共性がある。消防小屋は、
大工が手掛けたなんとなく洋風の妙なデザインで、半分は
公共建築という点から見て、本来の擬洋風建築の成り立ち
を受け継いだ第二次擬洋風建築の流れにあると位置付けら
れるのである。

＊本稿を記すにあたり新庄ふるさと歴史センターの川田健介氏、松田高明氏には多くのご教示をいただいた。ここに記して感謝の意を表したい。本稿は、2017年2月17日民俗写真家・松田高明写真展『モガミの町火消し達』東京展（会場・平櫛田中邸）にて行ったギャラリートーク建築編をまとめたものであり、5月4日開催の新庄展（会場・旧蚕糸試験場新庄支場）で行ったギャラリートーク建築編「消防小屋は第二次擬洋風建築　第二幕擬洋風的であることの指摘、放射状モチーフへの注目からデザイン要素への注目へ」の内容については写真にて一部のみ紹介している。なお、本稿は平成28–30年度科学研究費補助金基盤研究C「農漁業関連施設の近代化に公的機関の標準仕様が及ぼした影響について　愛媛県を例に」（研究代表者・二村悟）の成果である。

参考文献
『山形県統計書 明治45、大正元年 警察之部』（山形県,大正3年）
『山形県統計書 大正5年 警察之部』（山形県,大正7年）
『開墾地移住状況調査』（農林省農務局,昭和2年）
『建築年鑑 昭和2年度版』（建築世界社,昭和2年）
『山形県統計書 昭和2年　第4編 警察、衛生』（山形県総務部調査課,昭和4年）
『開墾地移住ニ関スル調査. 第1輯』（農林省農務局,昭和5年）
『最新全国著名請負業者名鑑. 昭和7年度版』（事業興信日報社,昭和7年）
『積雪地方農村経済調査所報告 第9号 東北地方農家經濟調査』（積雪地方農村経済調査所,昭和10年）
『昭和七年中に於ける出稼者に関する調査概要』（中央職業紹介事務局,昭和10年）
『東北六縣職員録・人名録 東北事業要覧 昭和十二年（昭和11年9月末現在）』,昭和12年）
『昭和九年中に於ける出稼者に関する調査概要』（内務省社会局社会部,昭和12年）
『山形県統計書 昭和12年 第4編』（山形県総務部調査課,昭和13年）
『山形県人名録 昭和16年5月現在』（山形自由新聞社,昭和16年）
『日本満洲支那土木建築名鑑 昭和16年度』（建築科学社,昭和16年）
村松貞次郎編『明治の洋風建築』（至文堂,昭和49年）
藤森照信「擬洋風建築大工棟梁の想像力の来歴」（建築雑誌,昭和50年8月）
村松貞次郎『日本近代建築の歴史』（日本放送出版協会,昭和52年）
『静岡県消防のあゆみ 続』（静岡県消防学校,昭和58年）

平櫛田中邸で行った『モガミの町火消し達』展でのギャラリートーク
右から松田高明、後藤治、二村悟

モガミ地方の消防小屋　実測図面

写真を掲載した消防小屋のうち、
意匠に特徴のある4つの小屋の実測図面です。

図面作成：工学院大学後藤治研究室

新庄市 芦沢
P.11

真室川町 小川内
P.16

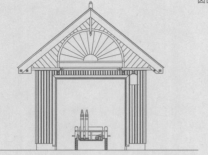

正面立面図　S=1:110

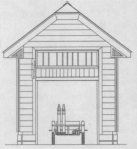

正面立面図　S=1:110

梁間断面図　S=1:110

梁間断面図　S=1:110

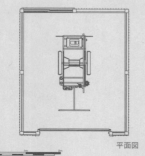

平面図　S=1:110

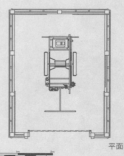

平面図　S=1:110

真室川市 鏡沢
P.18

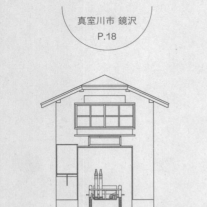

正面立面図　S=1:110

鮭川村 米
P.28

正面立面図　S=1:120

梁間断面図　S=1:110

梁間断面図　S=1:120

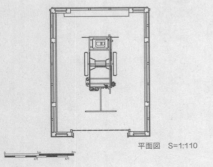

平面図　S=1:110

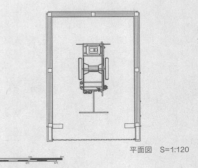

平面図　S=1:120

レポート
旧大蔵村消防小屋の解体について

工学院大学後藤治研究室

　旧大蔵村消防小屋は山形県最上郡大蔵村合海にあった。大蔵村消防団第一分団第二部第一班が使用していた消防小屋であったが、2017年7月に解体される流れとなった。旧大蔵村消防小屋は梁間2間、桁行2間半、軒高3.15mの小規模な建物である。しかし正面の意匠は優れており、消防団の徽章を飾る壁板は扇状に並べられ、妻壁は下端にアーチをあしらったタテ板を使用するなど細部に大工のこだわりが見られる。

　もともと旧大蔵村消防小屋は解体後廃棄の予定であったが、解体を行った地元大工がこのような優れた意匠を持ち、地元の人間に親しまれた消防小屋をただ壊すのは惜しいと考えたことで、一般的な家屋の解体方法とは異なり、部材を出来るだけ傷つけない方法で解体が行われていた。工学院大学後藤研究室が別件で調査に行っていた際に偶然その解体現場に遭遇し、その意匠と地元民の消防小屋に対する愛着に感銘を受け、その丁寧に解体された廃材を貰い受けることとなった。

　本研究室内では旧大蔵村消防小屋の保存活用計画策定チームを発足し現在作案中である。現段階では、新庄市内にあり、不特定多数を呼び込める小規模な飲食店などが望ましいと考えている。どのような形でも、ひとつでも多くの文化遺産がこの地域に残すことが出来るのならば幸いである。

解体前、正面ファサード

解体前、背面及び側面

解体前、内部架構

解体中、正面シャッター解体後
隠れていた「第二分團」の文字が現れる

解体中、正面詳細

解体中、徽章取外し後

モガミ地方の消防小屋リスト

* 番号はpp.4−5の地図にプロットされた番号です。

ページ	地図番号	市町村名	分団	部	班	地区
p.18	1	真室川町	第1分団	第1部	第4班	西川
p.18	2				第5班	中村
p.18	3				第6班	滝ノ上
p.18	4				第7班	山屋
p.18	5		第2分団	第2部	第3班	小国
p.18	6				第3班	小国
p.18	7		第3分団	第1部	第1班	野崎
p.18	8				第3班	内の沢
p.16	9				第4班	小川内
p.14	10		第4分団	第1部	第1班	木ノ下
p.18	11				第2班	蓮花城
p.15	12				第3班	内町
p.18	13		第5分団	第1部	第3班	平岡
p.18	14		第6分団	第1部	第1班	安久土
p.18	15			第2部	第1班	川ノ内下
p.17	16		第7分団	第1部	第1班	春木
p.13	17			第2部	第1班	三滝
p.18	18		第8分団	第1部	第1班	大滝
p.18	19				第2班	鏡沢
p.18	20			第3部	第1班	塩根川
p.22	21	金山町	第1分団	第3部		内町
p.22	22		第3分団	第1部		山崎
p.19	23		第5分団	第1部		朴山
p.22	24			第2部		板橋
p.22	25		第6分団	第1部	第1班	下中田
p.22	26				第2班	上中田
p.20	27				第3班	外沢
p.22	28		第7分団	第1部	第1班	地境
p.22	29				第2班	柳原
p.22	30			第2部		稲沢
p.22	31		第8分団	第1部	第1班	田茂沢
p.22	32			第2部		安沢
p.32	33	鮭川村	第1分団	第1部	第1班	京塚
p.32	34		第2分団	第1部	第3班	佐渡
p.28	35		第3分団	第1部	第5班	米
p.32	36			第2部	第2班	下絵馬河
p.32	37		第4分団	第2部	第1班	上中石名坂
p.27	38		第5分団	第1部	第1班	本村
p.32	39			第2部	第1班	上下芦沢
p.32	40	戸沢村	第2分団	第1部	第1班	津谷
p.29	41		第3分団	第1部	第1班	古口
p.32	42			第2部	第1班	蔵岡
p.32	43		第4分団	第2部	第3班	勝地・平根・片倉・与吾屋敷
p.12	44	新庄市	第1分団	第1部	第1班	上茶屋町
p.12	45			第2部	第2班	万場町・横町
p.12	46		第2分団	第2部	第1班	野中
p.12	47				第2班	中川原

ページ	地図番号	市町村名	分団	部	班	地区
p.12	48				第3班	高壇
p.6	49		第3分団	第1部	第1班	小泉
p.6					第2班	小泉
p.12	50		第4分団	第1部		関屋・横前
p.9	51		第5分団	第1部	第1班	上山屋
p.12	52		第6分団	第1部	第1班	谷地小屋
p.8	53			第2部	第1班	滝の倉
p.12	54				第2班	泉ヶ丘
p.12	55		第7分団	第1部	第2班	名古屋敷
p.12	56			第2部	第1班	北本町
p.12	57				第2班	南本町
p.12	58		第8分団	第1部	第1班	下金沢町
p.12					第2班	上金沢町
p.12	59				第3班	梨の木
p.10	60		第9分団	第1部		新田・飛田
p.7	61		第10分団	第1部		鳥越
p.7						鳥越
p.7						鳥越
p.12	62			第2部	第1班	休場
p.12	63		第11分団	第2部	第1班	仁間
p.12	64				第2班	福田
p.12	65				第3班	福田
p.12	66		第12分団	第1部	第1班	角沢
p.12	67				第2班	角沢
p.11	68			第2部	第2班	芦沢
p.12	69		第13分団	第1部	第1班	柏木原
p.12	70		第14分団	第1部	第4班	黒沢
p.12	71			第2部	第1班	仁田山
p.12					第2班	仁田山
p.12	72		第16分団	第1部	第2班	畑
p.12	73		第17分団	第1部	第1班	升形
p.12	74			第2部	第1班	升形
p.32	75	最上町	第1分団	第2部		向町
p.30	76		第6分団	第1部		赤倉
p.32	77					赤倉
p.31	78	舟形町	第2分団	第2部		長沢1・2・3
p.26	79	大蔵村	第1分団	第1部		清水
p.25	80			第2部		合海
p.26	81			第3部		大坪
p.26	82		第2分団	第1部	第1班	白須賀
p.26	83		第4分団	第1部	第3班	通り
p.26	84			第2部	第1班	鳥川
p.23	85		第6分団	第1部	第1班	沼の台
p.26	86			第2部	第1班	豊牧
p.24	87		第7分団	第1部		肘折
p.26	88					肘折

編著者プロフィール

松田高明（まつだ・たかあき）
民俗写真家。1976年山形県新庄市生まれ。東京渋谷のフォトスタジオにて7年間、オーディション撮影や学校写真、ポートレートなど約1万名のお客様を撮影。五十嵐写真店八芳園写真室に転職、5年間婚礼写真撮影に従事。2012年、地元山形県新庄市に松田スタジオをオープンし、スタジオ撮影の傍、山形県の伝統行事などを撮影中。

後藤治（ごとう・おさむ）
工学院大学教授・理事長。1960年生まれ。東京大学大学院工学系研究科建築学専攻博士課程中退。文化庁文化財保護部建造物課文部技官・同文化財調査官を経て、工学院大学に勤務。2017年より現職。博士（工学）。一級建築士。専門は、日本建築史、歴史的建造物の保存修復。主な著書に、『建築学の基礎⑥日本建築史』（共立出版）、『都市の記憶を失う前に　建築保存待ったなし！』（共著、白揚社）など。

二村悟（にむら・さとる）
工学院大学客員研究員。1972年静岡県生まれ。東海大学大学院博士課程前期修了。博士（工学）（東京大学）。現在は、ICSカレッジオブアーツ及び日本大学非常勤講師、有限会社花野果代表取締役ほかを兼務。元静岡県立大学客員准教授。専門は建築史、歴史的建造物の保存。主な著書に『水と生きる建築土木遺産』（彰国社）、『日本の産業遺産図鑑』（平凡社）、『食と建築土木』（LIXIL）など。

『モガミの町火消し達』展　開催日程

展覧会『モガミの町火消し達』は、2017年2月より、山形と首都圏を中心に巡回しています。
今後も新庄市内の各地で開催する予定です。

2017年2月14日－19日　旧平櫛田中邸（管理・NPOたいとう歴史都市研究会）（東京都・谷中）
2017年4月29日－5月21日　登録文化財・旧蚕糸試験場新庄支場（山形県・新庄市）
2017年6月12日－7月6日　城南信用金庫本店（東京都・五反田）
2017年7月7日－8月2日　芝信用金庫本店（東京都・芝）
2017年8月3日－8月19日　城南信用金庫横浜支店（神奈川県・横浜）
2017年8月22日－23日　東京国際フォーラム「2017よい仕事おこしフェア」（東京都・有楽町）

登録文化財・旧蚕糸試験場新庄支場での展示の様子

＊本書は、公益信託大成建設自然・歴史環境基金の 2016 年度助成「新庄最上地域の歴史的景観上の価値を持つ消防小屋の再発見」（北国から発進の会）
を受けて作成した私家版（2017 年 4 月発行）をもとにしています。
＊撮影にご協力いただきました、新庄市、真室川町、金山町、大蔵村、鮭川村、戸沢村、最上町、舟形町の皆様に感謝申し上げます。

『モガミの町火消し達』は、以下の皆様にご支援いただいております。

特別名誉サポーター：株式会社ヤマムラ 様
名誉サポーター：吉野敏充デザイン事務所 様、矢口ワイヤー 様
一般サポーター：近藤防災株式会社 様、新庄市観光協会 様、新庄信用金庫 様、ハートランド株式会社 様、株式会社丸万コンクリート 様、
　　　　　　　　有限会社ネットコム 様、スタイルハート 様、ぱん処げたや 様、正酒屋 六根浄 様、株式会社 deevoxx 様、阿部寛 様、
　　　　　　　　井上洋一郎 様、梅本義広 様、梅本了吉 様、松田澄子 様、澤田陽子 様、新山形ホームテック株式会社 様、伊藤允 様、二村悟 様
展覧会開催への助成：公益信託大成建設自然・歴史環境基金

モガミの町火消し達

2017 年 12 月 15 日 発行
写真：松田高明
執筆：二村悟、後藤治、山尾順紀、浅井一男
図面作成：工学院大学後藤治研究室
編集：柴原聡子
デザイン：田部井美奈

発行所：Opa Press
　　　　〒 101-0022 東京都千代田区神田練塀町 55-1101
　　　　電話 050-5583-6216
発売所：丸善出版株式会社
　　　　〒 101-0051 東京都千代田区神田神保町 2-17 神田神保町ビル
　　　　電話 03-3512-3256

印刷・製本：サンエムカラー

© 2017　松田高明＋工学院大学後藤治研究室　禁無断転載
ISBN978-4-908390-03-6